L'ANTIQUO-MANIE

OU LE

MARIAGE SOUS LA CHEMINÉE,

Comédie en un acte et en prose, mêlée de Vaudevilles.

Par J. A. JACQUELIN.

Représentée pour la première, à Paris, sur le Théâtre des Jeunes Artistes rue de Bondy, le 8 prairial de l'an VII.

A PARIS,

Chez FAGES, Éditeur de Pièces de Théâtre; au coin de la rue Xaintonge, N.º 24, Boulevart du Temple.

AN VII.

Les exemplaires ont été fournis à la Bibliothèque Nationale.

PERSONNAGES.	ARTISTES.
CASSANDRE, grand amateur d'antiquités.	*Notaire.*
GILLES, son vieux amis ayant le même goût	*Grévin.*
COLOMBINE, fille de Cassandre.	*Martin.*
ARLEQUIN, amant de Colombine.	*Lepeintre.*
HÉCATE, gouvernante de Cassandre.	*Augustine.*
LA MERE JADIS, caricature.	*Boulogne.*

Le Théâtre représente un Salon avec ameublement antique; au fond du Théâtre, une Console de chaque côté, et sur chacune d'elles un vase antique, de chaque côté des bras et des jambes en plâtre, et de vieux tableaux, à droite une cheminée d'une architecture ancienne avec un devant de cheminée dans le même goût.

L'ANTIQUO-MANIE

OU LE

MARIAGE SOUS LA CHEMINÉE.

SCENE PREMIERE.

COLOMBINE, HÉCATE. (*Assises toutes deux sur le bord du théâtre et occupées à coudre.*)

HÉCATE.

Vous ne dites rien, Mademoiselle Colombine?

COLOMBINE (tristement.)

Que veux-tu que je dise, ma chere Hécate?

HÉCATE.

Dites toujours cela distrait. Mais depuis quelque tems vous avez perdu votre gaité... je vous surprends sans cesse à rêver... qui peut vous mettre dans cet état? vous gémissez... votre père vous aurait-il encore persécutée pour vous faire épouser son vieil ami Gille?

COLOMBINE.

Hélas! oui.

HÉCATE.

Je me suis bien apperçue que vous ne l'aimiez pas du tout; mais qui peut vous en empêcher?.. Il n'a guères que soixante-dix ans et vous ne seriez pas contrariée par votre père, dans votre amour pour Monsieur Gille

AIR: *Chacun avec moi l'avouera.*

Cassandre l'honore beaucoup
Suivant lui, c'est un homme unique,
Un antiquaire plein de goût
Dont-il admire l'air antique.... bis
Gille enfin lui plait d'autant mieux bis
Qu'il lui parait vieux comme Hérode
Enfin, il en est amoureux
Parce qu'il a (bis) le nez de l'Empereur commode.

COLOMBINE.

Je sais cela; c'est en voyant aux Thuilleries la statue

de l'Empereur Commode que mon père a fait un rapprochement de ses traits avec ceux de Gille ; puissante recommandation pour que je l'épouse !

AIR : *Aimé de la belle Minon.*

Mon pere et c'est un connaisseur
Me soutient, suivant son usage,
Que de commode l'Empereur
L'antique Gille a le visage ;
Cassandre n'est pas contredit
Mais sans recourir à la frande
Je crois que Gille pour l'esprit
Tient plutôt de l'Empereur Claude... bis

HÉCATE.

Je m'en rapporte à vous pour juger de l'esprit de Gille mais il est riche... et bien des filles à votre place... que vois-je ? des larmes roulent dans vos yeux ma chere Demoiselle ? allons ouvrez moi votre cœur ! (*elle la serre dans ses bras*) je le sens battre avec force... oh ! comme il me parait malade ! dites moi qui l'a blessé ? (*avec vitesse*) j'ai toujours eu beaucoup d'indulgence pour les jeunes filles surtout pour celles que l'on veut marier à des vieux... quand on est jolie... il fallait me voir autrefois... on se trouve environnée, attaquée par un essaim de jeunes gens, on en distingue un.... à la promenade, au bal peut être... un beau jeune homme de cinq pieds sept ou huit pouces, l'œil vif, l'oreille rouge, la voix et la barbe mâles, un jeune homme enfin bien taillé, bien portant et alègre aurait-il su toucher ce cœur ?... vous riez ?

COLOMBINE.

Mais sais tu bien, Hécate, que tu n'as pas le goût si mauvais !

HÉCATE.

Comment donc ! c'est qu'à mon âge on a de l'expérience, voyez vous.

COLOMBINE.

Si ton portrait n'était un peu trop flatté, ce serait celui de mon cher Arlequin !

HÉCATE (à part).

Arlequin !

COMÉDIE

ARLEQUIN (dans la coulisse).

Une lettre pour Monsieur Cassandre!

COLOMBINE.

On appelle mon père?

HÉCATE (allant à la fenêtre).

C'est un commissionaire à en juger par ses habits.

COLOMBINE.

Il apporte sûrement un paquet de quelque savant pour mon père; reçois le, Hécate, je monte pour un instant dans ma chambre.

HÉCATE.

Oui, Mademoiselle; pendant votre absence je vais tout approprier ici.

COLOMBINE.

C'est bien.   (Elle sort à gauche.)

SCENE IIe.

HÉCATE [seule — un plumeau à la main.]

Son amant s'appelle Arlequin. — Elle m'en apprendra sûrement davantage.

SCENE IIIe.

La précédente, Arlequin [avec une veste de commissionnaire entrant à droite.]

ARLEQUIN.

Mademoiselle Colombine n'y est pas?

HÉCATE.

Elle vient de sortir au même instant.

ARLEQUIN [à part.]

Il faut avouer que j'ai bien du malheur! [haut] c'est que voilà une lettre pour elle.

HÉCATE.

Donnez, mon ami, je la lui remettrai.

ARLEQUIN.

A elle même ?

HECATE [le regardant.]

A elle même.

ARLEQUIN [à part.]

Si je parle encore elle va prendre du soupçon !

HECATE.

Si cependant vous le desirez, je vais l'appeller, elle est avec son père.

ARLEQUIN [avec vivacité.]

Non... non, il n'est pas nécessaire, il suffit que vous le lui remettiez.

HÉCATE

Ne craignez rien, elle l'aura bientôt car elle ne va pas tarder à venir déjeûner dans cette chambre avec son père et son gendre futur Monsieur Gille; on doit même dans ce déjeûner, dresser les articles de leur contrat de mariage.

ARLEQUIN [à part.]

Qu'entends-je ?

HÉCATE.

Eh mon Dieu ! je n'ai que le tems d'aller au café chercher le déjeûner.

ARLEQUIN.

Parbleu ! si vous voulez, en m'en allant et sans qu'il vous en coûte une obole, je me charge de vous envoyer le garçon.

HÉCATE.

Avec grand plaisir.. on n'est pas plus complaisant que vous.

ARLEQUIN [à part.]

J'espère par ce moyen voir ma chère Colombine et me concerter avec elle pour détourner le projet de son père.

HÉCATE.

Que marmotez vous donc là tout bas ?

ARLEQUIN.

Je cherche dans ma tête ce que je peux faire ve-

COMÉDIE.   7

air pour le déjeûner. combien sera-t-on de personnes.

HÉCATE.

Eh mais ! nous serons..

AIR : *Au coin du feu.*

Colombine et Cassandre,
Monsieur Gille son gendre
Moi que voilà.

ARLEQUIN.

Sans craindre la dépense
On peut prendre; je pense
Du chocolat.   (ter.)

HÉCATE.

Même air.

Mais est-il salutaire ?
Si c'était le contraire..
Dites ?

ARLEQUIN.

Nenni.

Pour qu'il plaise à Cassandre
J'aurai soin de le prendre
Chez Tortoni.   (ter.)

HÉCATE.

Ce nom là lui plaira, mais qu'est-ce que c'est que Tortoni ?

ARLEQUIN.

C'est un Italien qui a la renommée du bon chocolat... il demeure un peu loin de la Cité et je suis trop heureux de pouvoir vous éviter une course fatigante. — Je vous ai trouvée occupée à ranger tout, reprenez votre occupation, je vous en prie.

AIR : *Du Vaudeville de la Soirée orageuse.*

C'est endroit me paroit joli
C'est le bon goût qui le décore,
Si par l'art il est embelli
Par vos soins il l'est plus encore ;
De vigilance redoublant
A chacun montrez en des traces,
Songez que cet appartement
Doit être habité par les grâces.

Mademoiselle Colombine y vient souvent.

HÉCATE.

Voilà qui est très-galant pour elle ; je vais lui remettre votre lettre.

ARLEQUIN.

Moi je vais m'acquitter de votre affaire [à part] et avancer les miennes.

[Il sort à droite.]

SCENE IVe.

HÉCATE, COLOMBINE.

(*Hécate va pour sortir à gauche. — Colombine entre lentement et la tête baissée.*)

COLOMBINE [d'un ton indifférent.]

C'est une lettre pour mon père, n'est-ce pas ?

HÉCATE.

Non Mademoiselle, c'est une lettre pour vous et qu'on m'a recommandé de ne remettre qu'à vous.

COLOMBINE.

Une lettre pour moi ?... je n'ai de correspondance avec personne ; mais donne.

HÉCATE [lui remet la lettre et s'assied — à part.]

C'est un drôle de commissionnaire que celui là ! il ne paraît pas fait pour son métier.

COLOMBINE.

C'est lui !

HÉCATE.

Qui, lui ?

COLOMBINE.

C'est mon cher arlequin, tiens écoute : [elle lit vite.]

« Votre père, ma chère colombine, a pris les précautions les plus sévères pour m'empêcher de vous voir ; concevez-vous ce que c'est que quinze jours sans vous voir ? J'ai voulu faire cesser ce supplice trop long pour mon cœur, en conséquence j'ai eu recours à un déguisement pour pouvoir aviser ensemble aux moyens d'être l'un à l'autre, si toutefois votre amour est égal au mien ».

COMÉDIE.
HÉCATE.

Si j'avais su que ce fut lui..... mais je ne l'avais jamais vu.

COLOMBINE.

Mon père ne l'a jamais vu non plus, voilà pourquoi il n'a pas craint d'employer un travestissement car mon Arlequin a autant de délicatesse que d'amour. Hécate, tu peux m'être utile, je vais lui faire réponse, promets moi que tu employeras tout pour la lui faire tenir aussitôt.

HÉCATE.

Je vous le promets ; je vais faire sentinelle pour que votre pere ne vienne pas vous surprendre.

[Elle va au fond du théâtre et s'y promène.]

COLOMBINE [jettant un coup d'œil sur la lettre.]

Si mon amour est égal au sien !

[Elle s'approche de la table et chante en écrivant.]

AIR : *Vous l'ordonnez je me ferai connoître*
[*de Paësello.*]

Le sentiment seul fait mon existence
Mon Arlequin j'existe pour t'aimer,   Bis.
Pour toi, mon cœur jamais ne peut changer
Mais dois-je hélas ! t'en donner l'assurance   Bis.
Un tendre aveu, souvent de l'inconstance ;
Sans le savoir, est l'imprudent auteur   Bis.
Et d'un amant, toujours la vive ardeur,
Vit et s'accroît au sein de l'espérance.   Bis.
Mais non, de toi, Colombine est chérie,
Elle ne veut que faire ton bonheur   Bis.
Si quelque jour tu connois le malheur,
Dis-toi, dumoins, il me reste une amie.   Bis.

HÉCATE.

Voici votre pere... Monsieur Gille est avec lui.

[Colombine fourre la lettre dans son sein.]

SCENE V^e.

Les précédentes. CASSANDRE, GILLE.

CASSANDRE.

Soyez tranquille, Monsieur Gille, je vais lui parler

B

et la contraindre s'il le faut, à vous donner sa main. Bon jour, ma fille, tu me parais bien émue ?

GILLE.

Ah ! si c'était ma présence, Mademoiselle Colombine ?

COLOMBINE.

Vous vous trompez... mon père.

CASSANDRE.

Tant mieux, tant mieux... mais nous voilà tous réunis, qui nous empêche de déjeûner ?

HECATE.

Le déjeûner ne tardera pas maintenant à arriver.

GILLE.

Faut-il que j'aille le chercher ? pour Mademoiselle Colombine j'irais jusqu'aux pyramides d'Egypte.... j'irais jusqu'en Grece.

HECATE.

Vous êtes assez grec... et pour le moment votre voyage deviendrait inutile car on va apporter à déjeuner tout à l'heure de chez Tor..... Tortoni.

CASSANDRE.

Cette terminaison me plait, elle a quelque chose d'antique. Mais je vous le demande, mes amis, peut-on blâmer ma passion ? mon siecle, quoique toujours amateur de la nouveauté, ne semble-t-il pas avoir adopté le goût de l'antiquité ?

COLOMBINE.

Mon pere a raison ; en effet.

AIR : *Ne v'la-t-il pas que j'aime.*

On court en foule à Tivoli,
Voir voltiger les grâces,
On court en foule à Frascati ;
Pour y prendre des glaces.

CASSANDRE. [*même air.*]

Pour quinze gros sous à Paphos,
La bedaine est pansée ;
cela vaut bien mieux qu'à Mousseaux,
Où tout est en fusée.

GILLE.

Ah ! j'avais oublié de vous le dire papa Cassandre !

réjouissez vous, on vient d'ouvrir au fauxbourg Antoine un bal qui porte le nom de Persépolis et chacun y vole.

AIR: *Des fraises,*

On court à Persépolis,
Capitale de Perse;
Quelques danseurs sont bien mis,
Et d'autres ont des habits
　　En Perse. . . . . . . 　　　　Bis.

CASSANDRE.

Ce que vous m'apprenez là, mon gendre, me fait le plus grand plaisir; mais je dois ce matin aller chez un savant visiter de nouvelles antiquités venues d'Alexandrie et le déjeûner n'arrive pas.

GILLE [se tâtant le ventre.]

Je sens qu'il n'est pas arrivé.

HÉCATE.

Allons, je vais audevant. (Elle va jusqu'au bord de la coulisse à droite et apperçoit Arlequin.) Mais arrivez donc.....

SCENE VIe.

La précédente, Arlequin [*en costume de garçon de café,* « *à sa vue Colombine est prête à jetter un cri de surprise mais elle se remet promptement en appercevant Gille qui la regarde et qui regarde Arlequin* ».

ARLEQUIN (montrant Hécate).

Voilà ce que Madame a demandé.

HÉCATE (en arrangeant les tasses).

AIR: *Il faut attendre avec patience.*

Vraiment plus je le considère;
Et plus je pense que c'est lui.

CASSANDRE [tout le monde s'assied.]

Est-ce que, dites-moi, la mère,
Vous ne mangez pas aujourd'hui?

HÉCATE.

Si parbleu ! c'est que je soupçonne,
C'est que je crois m'appercevoir...

(Arlequin et Colombine lui font signe de se taire.)

Ce n'est pas la même personne,
Aujourd'hui je vois tout noir...   Bis.

(Arlequin verse le chocolat en roulant le bâton.)

CASSANDRE.

AIR : *Ainsi jadis un grand prohête.*

Mais serait-il à la vanille ?

ARLEQUIN.

Non pas, car c'est moi qui l'ai fait.

CASSANDRE.

C'est que je craindrais qu'à ma fille ;
Il ne fît un mauvais effet.

ARLEQUIN.

Sa chaleur douce et bienfaisante,
plaira toujours à la beauté,
Votre fille en sera contente,
C'est du chocolat de santé.

CASSANDRE [à demie voix à Hécate.]

Du chocolat ! c'est bien cher. (*haut*) j'aurais préféré du café.

AIR : *Du vaudeville de Claudine.*

Oui le café fait merveille,
Il anime et réjouit,
Par son moyen, l'auteur veille,
Il lui doit plus d'un écrit.
Je suis certain que Voltaire,
Qui tant et tant écrivit,
A pris dans sa cafetière,   Bis.
La moitié de son esprit.   Bis.

GILLE.

AIR : *Du petit vaudeville.*

Comme autrefois Virgile ;
Cassandre, vous parlez,
Dans Paris, la grand'ville ;
S'il est tant de cafés,
C'est au siècle où nous sommes,
Si fécond en écrits ;
Pour faire des grands hommes ;
De tous nos beaux esprits;

COMÉDIE.

HÉCATE (très-haut).

Le chocolat est aussi fort bon ; on dit qu'il est très-bon pour l'estomac.

CASSANDRE [avec humeur à demi voix à Hécate.]

AIR : *Réveillez vous belle endormie.*

Le chocolat est salutaire,
Eh bien ! faites-lui vos adieux ;
Si la boisson était moins chère,
Moi je l'aimerais beaucoup mieux.

[à Arlequin.]

Le café a une origine bien plus ancienne que le chocolat n'est-ce pas ?

ARLEQUIN.

C'est vrai ; il fut découvert en Arabie par des chèvres, en l'année.....

COLOMBINE.

Le chocolat est délicieux.

CASSANDRE.

Je n'ai plus rien à dire.

GILLE.

Mais, papa Cassandre, pouvons nous stipuler les articles de mon contrat de mariage avec votre fille devant ce garçon ?

ARLEQUIN [à demi voix.]

Ciel !

COLOMBINE [de même à Arlequin.]

Nous sommes perdus si nous n'empêchons les signatures de ce maudit contrat. (à Cassandre) Mon père !

CASSANDRE (à Caroline.)

Pourquoi, s'il vous plait, ce ton suppliant ; vous opposeriez-vous à mes volontés ? [à Arlequin qui parait ému] et vous garçon, vous paraissez prendre un intérêt bien vif aux affaires de ma famille, que signifie cette émotion subite que j'apperçois en vous ?

ARLEQUIN.

Elle est bien naturelle... Je me trouve dans le même cas que mademoiselle votre fille... Selon ce que j'ai pu voir, elle ne contracte pas avec plaisir l'engagement que vous lui proposez.

CASSANDRE.

Peu m'importe, telle est ma volonté, la raison, tout m'ordonne cette union, et je ne me départirai jamais de la résolution que j'ai prise.

ARLEQUIN.

C'est cela même ! voilà mon père, c'est ainsi qu'il me parle pour me faire épouser une personne que je connais à peine, tandis que j'en aime une autre depuis long-tems.

GILLES.

Et vous en êtes sans doute aimé ?

ARLEQUIN.

Je le crois, mais demandez-le à mademoiselle Colombine.

AIR : *des petits Montagnards.*

Vous connaissez, mademoiselle,
La beauté qui sut m'enflammer ;
Tout est charmant, divin en elle,
On ne peut la voir sans l'aimer,   Bis.
Je crains pour mon cœur le délire,
Où m'a mis le plaisir des yeux,
Et que le charme qui m'attire,
De moi ne fasse un malheureux.   Bis.

COLOMBINE (timidement.)

Vous ne méritez pas de l'être. [lui donnant sa lettre avec vivacité] Voilà ma réponse.

CASSANDRE.

Est-ce qu'en effet ma fille, tu connois la personne dont parle ce jeune homme ?

COLOMBINE (un peu embarassée.)

Oui mon père... c'est ma meilleure amie... J'en fis connaissance au bal... cet hiver... chez ma cousine.

CASSANDRE.

C'est bon ; mais il n'est pas question de ton amie, c'est de toi dont il s'agit, Hécate va dans l'instant aller chercher un notaire pour dresser ton contrat de mariage avec mon ami Gille.

COMÉDIE. 15

COLOMBINE (à demi voix à Arlequin.)

Ah! mon ami, qu'allons nous faire?

ARLEQUIN [de même à Colombine.]

Tu vas voir.

CASSANDRE.

Eh bien! Hécate? qu'est-ce que je vous dis?

HÉCATE.

J'y vais, j'y vais.

ARLEQUIN [très-haut à Cassandre et à Gille.

Comment! vous allez vous occuper d'un contrat de mariage que vous aurez toujours bien le tems de terminer, tandis que dans ce jour tout Paris va voir les objets de curiosité, les médailles et surtout les statues des grands hommes qui sont arrivés d'Italie?

CASSANDRE.

Que me dites vous là? dans quel lieu sont ces objets admirables.

ARLEQUIN.

Au Muséum, dans la gallerie d'appollon.

AIR: *En quatre mots je vais vous conter sça.*

Vous y verrez le sévère Brutus,
Qui fit mourir son fils Titus.
Avec Tibérinus;
Le buste de Cléopâtre,
Superbe encor quoiqu'en plâtre.
Le grand Spartacus;
Vous y verrez le brave Régulus,
Le malin Torquatus;
L'ex-comte de Caylus,
Caïus Gracchus, Décius, Mus,
Et mille autres en-us.

CASSANDRE.

J'y cours. Ah Gille! quel torrent de délices va innonder mon cœur!

(Mettant la main sur l'épaule d'Arlequin)

Ce jeune homme a de l'esprit, remettons à demain les signatures du contrat, et venez avec moi.

ARLEQUIN. [Tout bas à Caroline.]

C'est toujours du tems de gagné.

GILLE.

Mais cependant papa Cassandre, j'aurais été bien aise de terminer ce matin.

CASSANDRE.

Mais vous n'y songez pas, des antiquités d'Italie! allons, venez. (Cassandre entraîne Gille par le bras pendant qu'Arlequin, Hécate et Colombine arrangent tout dans la Corbeille. — Cassandre se retourne et regarde Arlequin qui parle tout bas a Colombine.)

ARLEQUIN.

Diable! n'oublions pas mon petit bâton de chocolat [à l'oreille de Colombine] je ne serai pas longtems absent.

[tous trois sortent ensemble.]

SCENE VIIe.

COLOMBINE, HÉCATE.

HÉCATE.

Ce garçon qui vient de sortir me paraît aimable et votre amie doit-être bien heureuse.

COLOMBINE.

Elle pourrait l'être d'avantage.

HÉCATE.

C'étaient donc de bien grands hommes que ces gens en-us ?

COLOMBINE.

Oui : on les aime beaucoup de nos jours car on ne fait plus rien qu'à la romaine... mais Hécate, laisse moi seule j'ai besoin d'être tranquille. Je vais finir cette tête que j'ai commencée. [Elle ouvre son carton de dessin et se prépare à dessiner.]

HÉCATE.

Ah mon dieu! comme elle est noire !... Je vous laisse Mademoiselle et je vais terminer de l'autre côté ce qui me reste à faire.

[Elle sort.]

SCENE VIIIe.

SCENE VIIIe.

COLOMBINE (seule et dessinant.)

AIR : *je t'aime tant, je t'aime tant.*

Si je cherche dans le dessin,
Un doux plaisir qui me soulage,
C'est l'amour qui conduit ma main,
De mon amant je fais l'image ;
Son nom est tracé par mes doigts.
Lorsque mes doigts veulent écrire,
Il est dans le jour que je vois,
Il est dans l'air que je respire.   Bis.

[Posant son crayon.]

En vain je cherche à m'occuper, ma main n'est pas sûre.. j'éprouve une agitation dont j'ignore la cause... ah ! je la connais ! c'est mon Arlequin... il est toujours là.

Mais à quoi me conduira mon amour si mon père veut me contraindre à épouser Gille ? plutôt mourir que d'être à lui !.. mon père me chérit, je me jetterai à ses genoux, je lui dirai que j'aime Arlequin et il ne voudra pas faire le malheur de sa fille ; il y a long-tems que j'aurais du tenter cette épreuve que je ne remets pas plus loin qu'à son retour. En l'attendant, faisons quelque chose... peut-être que la lecture me distraira. [Elle va à la bibliothèque et regarde du haut en bas.]

AIR : *on compterait tes diamants.*

En vérité, je ne vois pas,
Un livre que je puisse lire,
Ces in-folio, ces fatras,
N'ont pas le petit mot pour rire ;
Le savoir ne peut me charmer ;
Je ne lis que pour me distraire....
Mais vraiment, je tiens l'art d'aimer,

ARLEQUIN (dans la coulisse.)

Vous possédez celui de plaire.

COLOMBINE.

J'ai entendu quelqu'un. (Arlequin toujours dans la coulisse.]

Vous possédez celui de plaire.

COLOMBINE.

Je n'en puis plus douter, c'est la voix de mon cher Arlequin.

SCÈNE IX.

COLOMBINE, ARLEQUIN [accourant.]

ARLEQUIN.

Il était près de toi, (l'embrassant) et le voilà encore plus près.

COLOMBINE.

Comment! vous avez entendu tout ce que j'ai dit?

ARLEQUIN.

Je n'en ai pas perdu un seul mot.

COLOMBINE.

Fi! que c'est vilain d'écouter aux portes!... vas, je te pardonne parce que j'ai dit la vérité.

ARLEQUIN.

Ce que j'ai fait était le moyen de la connaître.

AIR: *Femmes voulez vous éprouver.*

    Amant qui voulez rechercher,
    si votre maîtresse est sensible;
    Prenant le soin de vous cacher,
    Pour mieux voir restez invisible;
    Si dans son amoureuse ardeur,
    Cédant aux tourmens qu'elle endure,
    Sa bouche nomme son vainqueur :
    Ah! c'est la voix de la nature.

COLOMBINE.

C'est vrai, mais mon aveu ne suffit pas pour que nous soyons l'un à l'autre, il faut encore celui de mon père et il ne te sera peut-être pas facile de l'obtenir.

AIR: *Quand un tendron vient dans ces lieux.*

    Il faudroit avoir pour cela,
    Une figure antique,
    La tête de Caracalla,
    Ou de Caton d'Utique.

ARLEQUIN.

    Oh! oh! oh! ah! ah! ah!
    Que ne suis-je Caracalla, la, la.

COMÉDIE.

COLOMBINE.

Tu te mocques et cependant la passion de mon père influe surtout ce qu'il fait.

AIR : *du vaudeville d'Abuzard.*

Il est sans cesse au Muséum,
Il est l'ami de chaque artiste,
Il me parle d'Herculanum,
Loin des antiques, il est triste ;
En médailles dont il fait cas,
Il dissipe son patrimoine,
Et veut à tous ses grands repas ;
Un potage... à la Macédoine....

ARLEQUIN.

Il est plaisant, papa Cassandre !

COLOMBINE.

AIR : *du petit Matelot.*

Il ne va jamais au spectacle,
Que pour y voir de l'ancien,
Pour lui Corneille est un oracle ;

ARLEQUIN.

En cela je crois qu'il fait bien   Bis.

COLOMBINE.

D'être conséquent il se pique,
A Gille il veut unir mon sort,
A cause de sa mine antique...

ARLEQUIN.

En cela Cassandre a grand tort...   bis

C'est ce que nous lui prouverons ; il faudra qu'il nous unisse, nous lui peindrons si bien notre amour ; je représenterai si bien a Gille le danger qu'il court en t'épousant ; je lui dirai Monsieur Gille :

AIR : *Quand on ne dort pas de la nuit de (Lisbeth.)*

Lorsque l'on s'enflamme d'amour,
Et que l'on est glacé par l'âge,
Lorsqu'après avoir fait sa cour,
On s'avise enfin un beau jour,
D'épouser femme qu'on croit sage ;
A-t-elle son cœur enchaîné ?
Quoiqu'on fasse pour la contraindre,
Je plains bien l'époux enchaîné,
Car je crois, (bis) qu'il a tout à craindre.   Bis.

COLOMBINE.

Et nous aussi, car j'entends mon père; s'il nous trouvait ensemble tout serait perdu; évitons son premier feu, je dois l'amener par dégrés à faire votre bonheur — où te cacher? tiens, dans cette cheminée... allons vite, vite; (elle ôte le devant de la cheminée avec promptitude.)

ARLEQUIN [en se fourrant dans la cheminée.]

Ne crains tu pas que ça gâte mon teint?
[Colombine remet vite le devant de cheminée par dessus lui et va s'asseoir sur une chaise au bord du théâtre.]

SCENE X^e.

COLOMBINE, CASSANDRE.

CASSANDRE.

J'ai perdu ce diable de Gille en route. Ah! te voilà ma fille; mais tu me parais aujourd'hui dans une agitation perpétuelle et dans ce moment....

COLOMBINE.

C'est que tout à l'heure en rangeant quelque chose.. j'ai manqué de casser le bras à votre vénus de médicis

CASSANDRE.

Quel bonheur pour moi que ce malheur ne soit pas arrivé! le chef-d'œuvre de l'art! mon objet le plus précieux!.. après toi, mon antigone.

SCENE XIe.

Les précédents. GILLE [accourant.]

CASSANDRE.

Où vous êtes vous donc fourré?.. au bout du pont neuf, je ne vous ai plus trouvé à côté de moi.

GILLE [galamment à Colombine.]

AIR: *des portraits à la mode.*

Tout-à-l'heure, en passant sur ce Pont-neuf,
Qui depuis deux cents ans est toujours neuf;
J'ai voulu vous faire un cadeau tout neuf,

CASSANDRE [à Gille. *Même air.*]

Dans vous ce goût est bien étrange,
Par hazard serait-ce un carrico neuf,
De belles dentelles un bonnet neuf ?

GILLE.

Point du tout ; ce que c'est.
Je vous le donne à deviner en neuf.

CASSANDRE.

Je renonce à chercher ainsi dites tout de suite.

GILLE [*achevant l'air.*]

Eh bien ! papa, c'est une orange.
Elle est de Malte. [Il ôte vite l'écorce de l'Orange.]

CASSANDRE (à Gile.)

En parlant de Malte comment trouvez vous les objets venus d'Italie ?

GILLE.

Superbes ! [présentant à Colombine l'orange dépouillée de son écorce.] Voici l'orange elle et il d'être... à Minerve. [à demie voix à Cassandre] J'aime mieux qu'elle ressemblât à Psyché.

CASSANDRE.

Que dites vous là, Gille ?

« Psyché perdit l'amour en voulant le connaître. »

[Gille est prêt à ôter le devant de la cheminée pour y jetter l'écorce de l'Orange ; Colombine l'apperçoit et pousse un cri.]

Qu'as tu donc ma fille ?

COLOMBINE.

C'est que... Monsieur Gille... allait jetter ce que j'aime le mieux dans l'orange.

CASSANDRE.

AIR : *de la croisée.*

Ma fille, tu viens de crier,
Ainsi qu'autrefois Mélusine,
Et je ne puis te le nier,
Cela fait mal à la poitrine.

[à Gille.]

Gille, bénissez votre sort,
De son amour voyez la force.

Elle ne veut rien perdre de ce qui vient de vous.

(à Colombine montrant Gille.)

Mais vraiment, c'est aussi trop fort
S'attacher à l'écorce. . . .   Bis.

COLOMBINE.

Excusez moi, mon père, je n'ai pas été maîtresse de ce premier mouvement.

CASSANDRE.

Je te pardonne de tout mon cœur, ma fille. Au point où tu en es avec mon ami Gille, il n'y a pas grand mal... mais quel bruit se fait entendre sur l'escalier ? qui peut causer un tel vacarme ?

SCENE XIIe.

Les précédents. JADIS [entre en se débattant avec Hécate.]

JADIS.

C'est moi ! cette vieille folle veut m'empêcher de pénétrer jusqu'à vous car je ne saurais m'y méprendre, vous êtes le père Cassandre ; elle me crie depuis une demie heure que vous êtes en affaire ; celle que j'ai à conclure avec vous n'est peut-être pas moins importante.

CASSANDRE [à Hécate.]

Laissez nous.   (Hécate sort.)

SCENE XIIIe.

Les précédents.

CASSANDRE (à Jadis.)

Qu'y a-t-il, madame, pour votre service ?

JADIS.

Laissez-moi un instant vous admirer, M. Cassandre. J'ai lu l'histoire de je ne sais plus quelle reine qui fut s'offrir elle-même à Alexandre pour avoir de sa race ;

Cassandre, vous m'avez communiqué l'enthousiasme
qu'Alexandre inspira à cette princesse ! mais, plus
honnête qu'elle, ma proposition sera plus modeste.

CASSANDRE.

Puis-je la connaitre ?

JADIS.

J'ai entendu parler dans mon pays de votre passion
pour tout ce qui est antique ; je viens donc vous pro-
poser de m'épouser.

AIR : *une femme est un oiseau.*

Au premier coup-d'œil je plais,
Et Cassandre l'antiquaire,
M'épousera je l'espère,
En regardant mes attraits.
Pour former ce mariage,
Qu'il m'a fallu de courage,
Ah ! mon dieu ! quel long voyage !
Du Mans, je viens tout exprés...
Pauvres femmes que nous sommes,
Vû la rareté des hommes,
C'est nous qui courons après...

CASSANDRE.

Madame, écoutez moi.

AIR : *La nature obligeante et sage.* [du Phénix]

Vos offres ont de quoi me plaire,
J'aime beaucoup l'antiquité,
Mais quoique je suis antiquaire,
Je chéris la jeune beauté,
Et tenez, dans vous, sur mon âme,
Je n'apperçois aucun appas,
L'antiquité dans une femme,
Est la seule qu'on n'aime pas.   Bis.

JADIS.

Je ne me serais jamais attendue à ce qui m'arrive aujourd'hui.

AIR : *daignez m'épargner le reste.*

On voit dans l'ancien testament,
En lisant cet antique ouvrage,
Qu'Isaac aimait tendrement
Rébecca malgré son grand âge ;
Femmes avez-vous soixante ans,
Aujourd'hui chacun vous critique.
Quel amour ! quels hommes ! quel tems !
Oh ! vive l'amour à l'antique.   Bis.

CASSANDRE [la reconduisant en la saluant.]

Madame, je suis bien votre serviteur.

JADIS [prenant Cassandre par le bras et l'amenant sur le bord de la scène.]

Ce que c'est que de nous, cependant.

AIR : *que mon âge et mes cheveux blancs.*

Jadis un amant chaque jour,
Voulait me prouver sa tendresse,
Je refusais, c'est à mon tour.
Que n'ai-je employé ma jeunesse ?... Bis.
Ah ! je sens trop qu'il faut mourir,
Je le désire avec instance,
Puisqu'à vivre pour le plaisir,
Je perds tout-à-fait l'espérance. Bis.

TRIO.

COLOMBINE, GILLE, CASSANDRE.

Jadis un amant chaque jour,
Voulait vous prouver sa tendresse,
Vous refusiez c'est votre tour ;
Il faut aimer dans la jeunesse. Bis.

[La mère Jadis sort avec humeur.]

SCENE XIVe ET DERNIERE.

Les précédens.

CASSANDRE.

Voilà une femme duement folle, n'est-il pas vrai, ma fille ?

COLOMBINE.

Oui mon père. [Elle cause avec lui tout bas.]

GILLE (à part, se prenant le menton, et s'approchant de la cheminée.)

L'émotion de Colombine, avant l'arrivée de la vieille... Son cri lorsque j'ai voulu jeter l'écorce de l'orange dans la cheminée... Tout cela ne me paraît pas du tout naturel.

(Portant la main sur la cheminée.)

Il y a quelque chose là-dessous. Je dirais presque qu'un rival....

[Il fait tomber avec son pied le devant de la cheminée
et Arlequin en sort avec promptitude.]

ARLEQUIN (se jettant aux genoux de Cassandre.)

Papa Cassandre, vous venez de refuser une vieille femme accordez moi ma jeune maîtresse.

CASSANDRE.

Que vois-je ? le diable !

GILLE.

C'est un maure de Venise !

COLOMBINE.

AIR : *je ne suis plus dans l'âge heureux.*

 Accordez moi mon Arlequin
 N'est-ce pas la belle nature ?

CASSANDRE.

 Je n'aime pas du tout son teint,

COLOMBINE.

 Oui mais regardez sa tournure;
 A mon cœur Arlequin est cher
 Nos goûts, nos humeurs sont conformes...
Mais ce qui doit surtout vous décider.
 De l'Apollon du Belvéder
 Arlequin rassemble les formes.

CASSANDRE.

AIR : *du pas redoublé de l'infanterie.*

 Quand j'entends de pareils propos
 Je reconnais les femmes,
 Ce sont les hommes les plus beaux
 Qui captivent leurs ames ;
 Eh mon Dieu ! ma fille, chez nous
 La beauté c'est fadaise,
 Je t'aimerais mieux pour époux
 L'Hercule de Farnèse.

COLOMBINE (malicieusement.)

Est-ce par cette raison que vous voulez me faire épouser Gille ?

CASSANDRE.

Je lui ai donné ma parole, il m'a donné la sienne, cela me suffit pour me faire persister à lui donner ta main.

GILLE [montrant Colombine.]

AIR : *des Fleurettes.*

Il est bien vrai, Cassandre,
Séduit par ses appas
Mon cœur se laissa prendre,
Je ne m'en défends pas ;
Mais Regardez mon hyménée
Comme entièrement dissout
Par ce mariage sous
   la cheminée.

CASSANDRE.

Je réponds de la sagesse de ma fille.

GILLE.

Ecoutez, papa Cassandre, cette affaire là me paraît bien hasardée. [fredonnant]

Quand on est seuls et quand on s'aime.   Bis.

CASSANDRE.

Fi donc ! Gille, quelle idée !

GILLE [à part.]

C'est ici le cas de me montrer généreux malgré moi. (*haut*) Je suis vieux, papa Cassandre, je connais le cœur humain et je crois agir prudemment en vous invitant moi-même à faire le bonheur de ces deux enfans.

CASSANDRE.

Voilà qui change tout, M. Gille ; puisque vous retirez vous même votre parole, qu'ils soient heureux !... Un instant M. Arlequin, êtes vous d'une famille assez ancienne pour que je vous accorde ma fille ?

ARLEQUIN.

Soyez tranquille ladessus, papa Cassandre, ma fa-famille est très-ancienne et même assez illustre, vous allez en juger.

AIR : *j'ai donc perdu ce que j'adore.*

Des Arle la race est antique
Arle premier est peu connu,
Arle second est Dominique,
Arle trois Carlin est venu ;
Arle quatre... Eh mais ! c'est la Porte
Au ton sémillant et badin,
Sans que la vanité m'emporte
Je suis le petit Arle-quint.....   Bis.

COMÉDIE.

CASSANDRE.

D'après ce que vous me dites je ne mets plus d'obstacle à votre union avec Colombine. [*lazzi d'Arlequin*] Oui réjouis toi fortuné Arlequin !.. Après ma mort tu posséderas toutes mes médailles !

ARLEQUIN.

Puissiez vous, papa Cassandre, en jouir encore long-tems après tous. Quant à moi elles me sont bien inutiles.

CASSANDRE.

Qu'osez vous me dire là, mon gendre ?

ARLEQUIN.

AIR : *de Célicourt.*

Oui par ses recherches suivies
Cassandre, ami de la beauté,
A rassemblé les effigies
Des femmes de l'antiquité,
Psyché, Laïs, vous Cléopâtre
Qu'ai-je besoin de vos portraits
Puisqu'en celle que j'idolâtre
Je rencontre tous vos attraits.... Bis.

COLOMBINE.

Pense toujours de même, mon cher Arlequin et tu feras exception à la règle des autres hommes.

VAUDEVILLE.

AIR : *je n'ai trouvé que des ingrats.*

COLOMBINE (à Arlequin.)

On voyait jadis un amant
Soumis aux lois de sa maîtresse,
Lui conserver un cœur constant
Heureux et fier de sa tendresse,
On aime à présent pour un jour,
A duper tout homme s'applique
Et chez votre sexe, l'amour
Ne se traite plus à l'antique.... Bis.

CASSANDRE.

Après avoir vu le Guerchin
Raphaël et Paul Véronèse,
Les Carraches, le Titien
Nul autre n'a rien qui me plaise ;
Voulant égaler leurs pinceaux
En vain chaque peintre s'applique,
Hélas ! nos modernes tableaux
Ne vaudront jamais de l'antique !....

ARLEQUIN.

Les peintres de l'antiquité
Cassandre, ont seuls votre suffrage,
Un jour, de la postérité
Les nôtres obtiendront l'hommage.
Psyché dans le dernier salon
A fait taire toute critique,
Et moi je pense avec raison
Que ce Tableau vaut de l'antique....   Bis.

COLOMBINE.

Un jeune homme porte à présent
Le costume de son grand père ;
Femme porte en se promenant
Le sac que portait sa grand'mère ;
Sans en imiter les vertus
D'être Romain chacun se pique,
Et pour être mieux en Titus
On se frotte avec l'huile antique...   Bis.

GILLE (au public.)

Autrefois on ne sifflait pas
La pièce fut-elle mauvaise,
Mais à présent on siffle, hélas !
Hélas ! pour peu qu'elle déplaise.
L'ancien temps était attrayant
Pour ceux de la gent poétique,
Notre auteur serait bien content
Si vous le traitiez à l'antique...   Bis.

FIN.

www.ingramcontent.com/pod-product-compliance
Lightning Source LLC
Chambersburg PA
CBHW060627050426
42451CB00012B/2463